DE L'ANNEXION

DE LA

SAVOIE

PAR

ANSELME PETETIN

———

PARIS
LIBRAIRIE NOUVELLE
BOULEVARD DES ITALIENS, 15
A. BOURDILLIAT ET Cie, ÉDITEURS
—
La reproduction et la traduction sont réservées
—
1859

DE L'ANNEXION

DE LA

SAVOIE

ANDRÉ LEFÈVRE

Paris. — Imp. de la Librairie Nouvelle, A. Bourdilliat, 15, rue Breda.

PARIS
LIBRAIRIE NOUVELLE

1860

DE L'ANNEXION
DE
LA SAVOIE

I

La dernière guerre d'Italie a produit ou peut produire un résultat bien plus important encore qu'une nouvelle distribution de territoires.

Elle a changé ou peut changer le principe fondamental du droit des gens.

Au principe mystique et brutal de la Sainte-Alliance, l'Europe se prépare à substituer le principe des nationalités et *du vœu* des populations.

Le Congrès de Paris avait fait un premier pas dans cette voie à l'occasion des Principautés danubiennes.

Mais, quoique assez nettement proclamé, le principe rencontra des difficultés dans l'application. La puissance qui les avait soulevées a vu, finalement, sa résistance écrasée sur un autre terrain.

L'Angleterre, il est vrai, appuyait l'Autriche dans cette opposition au principe nouveau.

Mais, son intérêt devenant autre, qui doute que l'Angleterre ne se consacre, avec une ferveur toujours sincère, à défendre en Italie ce même principe de droit naturel, d'équité, de bon sens, qu'elle avait combattu à Jassy et à Bucharest?

Si un nouveau Congrès se réunit, il posera donc certainement, avec netteté et fermeté, le principe destiné à remplacer la Sainte-Alliance.

Et c'est précisément parce que cette substitution entraîne dans la politique de toutes les puissances des modifications presque incalculables, qu'on hésite, à Londres comme à Vienne, comme ailleurs peut-être, à ouvrir ces solennelles discussions.

Il faut un principe pourtant, car on ne fonde pas la souveraineté, on n'inflige pas aux peuples l'obéissance sans s'adresser à leur intelligence et à leur sentiment de la justice; et quel autre invoquerait le Congrès?

Les puissances qui redoutent cette immense nouveauté (et surtout celle qui, dans le parlage inconsistant des journaux et de la tribune, s'efforce d'en proclamer le plus haut la légitimité), refusassent-elles le Congrès, sous des prétextes plus ou moins dérisoires, et par là une consécration du principe nouveau dans les diplômes, il n'en restera pas moins écrit dans les faits.

Solferino est pour lui un beau diplôme.

Sans doute, le traité sommaire de Villafranca ne l'énonce pas : il paraît même dire tout le contraire. Mais cette apparente contradiction est facile à expliquer.

Les déclarations solennelles du vainqueur avaient d'avance proclamé assez nettement le but de la guerre.

A Villafranca le vaincu dit : J'adhère.

Et il le dit dans la langue qui est la sienne, qui est encore, mais qui ne sera pas longtemps, celle de la diplomatie.

Le titre de M. de Cavour dans l'histoire, ce sera d'avoir secondé, par de prodigieux efforts, cette mémorable évolution du droit. Il aura, par là, fait plus qu'agrandir son pays : il aura rendu à bien d'autres peuples un service durable, assuré à l'Italie un autre avenir, préparé un régime de vie tolérable même pour les contrées qui resteront nominalement sous d'anciennes dominations.

II

La question est de savoir si les successeurs de M. de Cavour vont, par de misérables habiletés, par de grossières finesses, compromettre les grands titres, la gloire et la force que le Piémont s'est ainsi donnés;

Si, sur le terrain du droit public, la maison de Savoie va pratiquer de nouveau cette politique double, qui fut trop longtemps sa tactique dans les contestations où l'engageait sa propriété compliquée des deux revers des Alpes ?

Est-ce là ce que tente M. Ratazzi ?

Il est mal inspiré. On ne fait plus, dans un siècle où tout se passe au grand jour, ce qui était praticable dans les mystères des cabinets et des boudoirs ; et quoique, grâce aux niaises perversités de l'esprit de parti, on puisse encore abuser un certain temps l'opinion, usurper des succès d'un jour, ce sont des triomphes éphémères et dont le lendemain fait cruellement expier les courtes satisfactions.

III

Dès à présent, malgré les alliés inespérés qu'il a trouvés dans la presse française, à la suite et sous l'inspiration de la presse anglaise, M. Ratazzi a compromis le succès de toutes les ambitions du Piémont dans l'Italie centrale. Quand on voit, aux portes et sous les yeux de la France, et contre ses amis, les manœuvres pratiquées pour étouffer le vœu de la Savoie, on peut supposer toutes les hardiesses oppressives sur un théâtre bien moins éclairé. D'après ce qui s'est passé à Chambéry, d'avance l'opinion est résolue à ne regarder ce qu'on se prépare à donner pour le *vœu des populations* de l'Italie centrale, que comme le produit d'une grande comédie où la pression de la force aura eu son rôle tout comme les machinations de l'intrigue.

IV

La Savoie est française de langage, de mœurs, de propension. Elle touche la France de toutes parts; elle est partout séparée du Piémont par ces obstacles qui sont des décrets éternels du Créateur sur la destinée des peuples.

La différence de langage est un autre obstacle plus infranchissable encore.

Cet idiome piémontais, qui n'est pas la douce langue d'Italie, qui n'a pas la franchise lucide du français, qui a l'air de faire de gauches et malheureux efforts pour s'en rapprocher, entretient une guerre incessante contre l'intelligence, contre l'oreille, contre le goût du peuple asservi. C'est une cause d'antipathie dont rien ne peut exprimer la violence ironique. Et cette nécessité seule d'afficher les actes de l'autorité en deux idiomes, l'un pour les fonctionnaires piémontais, l'autre pour les sujets savoisiens, prouve l'incompatibilité des deux races. Un commandement ainsi signifié est à peine compris! Comment pourrait-il être aimé? Et s'il est haï sur le papier, que sera-ce quand il est traduit dans les actes de la vie journalière par les brusqueries des agents étrangers!

Le Piémontais est un soldat brave, sobre, discipliné; nous venons de le voir tout à côté de nous dans de grandes épreuves. Mais ce soldat excellent est, dans la vie civile, rude, brusque, peu sympathique. Il est sombre et à la fois violent, vulgaire et sans dignité dans le commandement : c'est un Espagnol en prose.

Quel cruel contraste avec la nature douce, fine, gaie sans turbulence, obéissante sans bassesse du Savoyard! Chaque contact est un coup, chaque coup est une blessure. Il y a quarante-trois ans que la Savoie saigne silencieusement sous cette lourde et douloureuse domination.

Mais à cette domination étrangère, odieuse déjà en tant qu'étrangère, les événements ont ajouté bien d'autres éléments d'antipathie.

Dès le lendemain de 1814, la restauration de la maison de Savoie se signala par le règne de la tyrannie non-seulement la plus dure, mais encore la plus avilissante. Une tyrannie de police, et de police étrangère, soupçonneuse, tracassière, haineuse surtout contre l'esprit français, contre les livres français, les journaux français, la loi française (1). Quiconque a vécu en Savoie de 1815 à 1848, a dû sentir, comme une sorte d'asphyxie, cette oppression pneumatique qui s'étendait jusqu'aux plus obscurs détails de la vie quotidienne, jusqu'à l'observance forcée des abstinences ordonnées par l'Église, jusqu'à la surveillance des fourneaux de cuisine.

La presse libérale s'est récriée contre le récent concordat autrichien; qu'est-ce, en comparaison de cette pratique sans règle et sans loi, ou n'ayant d'autre loi que l'arbitraire du carabinier royal, dictateur sommaire du village et du bourg!

Le clergé savoisien est exemplaire par les mœurs; il est pieux, il est éclairé, et même et précisément parce qu'il se sentait tout-puissant, il était, dans les personnes qui le composent, d'une aménité joviale et douce que le nôtre même, si violemment et si persévéramment attaqué, n'a plus depuis longtemps.

Mais, on le sait, là où son pouvoir n'est pas très-exactement limité par la loi civile, le clergé, se sentant absout par sa conscience religieuse, est porté aux excès de pouvoir.

(1) On se hâta de dépouiller la Savoie de notre beau code. En 1838, il est vrai, on a essayé de le restituer; mais en y faisant des additions, suppressions, modifications qui, certes, ne l'embellissent, ni pour le fond ni pour la forme. Et notamment la base même, l'égalité entre les enfants, en a été arrachée; et dans le sens le moins généreux : par la spoliation des filles de famille.

V.

On dit, pour excuser ce régime, ou le faire oublier :
Que le malheureux roi Charles-Albert n'était un tyran que fictivement ; qu'il n'agissait que sous la pression de l'Autriche ; qu'au fond du cœur c'était un libéral éclairé, etc.

Je réponds que ce n'est pas Charles-Albert qui a inauguré en Savoie le régime oppressif ; qu'il s'y était établi avant lui, dès 1815, par le seul fait de la restauration de sa dynastie ;

Que cette dynastie ne pouvait avoir une autre politique, sentant bien que le cœur du peuple était à la France, à la loi de la France, à la gloire de la France, qui, avec son drapeau, emmenait toute cette légion de généraux et d'officiers qui venaient d'illustrer la Savoie dans les guerres impériales ; — enfin, à cette large vie administrative, matérielle, commerciale qui résultait pour la Savoie de la seule communauté d'existence et de circulation avec la France, remplacée pour elle par un ilotisme de situation où elle n'avait plus qu'à voir exploiter sa pauvreté par des maîtres éloignés.

Et là aussi revenait une émigration ; et, de plus qu'en France, une émigration étrangère, en majeure partie piémontaise, qu'il fallait faire vivre et restaurer aux dépens de la Savoie.

A cette désaffection invincible qu'opposer, sinon la force ? Ce cœur du peuple qui s'envolait vers la France, comment le retenir autrement que par une chaîne de force ? A cette intelligence sympathique de l'esprit populaire avec l'esprit français, quelle barrière imposer, sinon une clôture hermétique où le livre était proscrit comme le journal, et la lettre privée espionnée presque autant que le pamphlet ?

Il ne s'agit pas d'accuser la mémoire d'un roi infortuné, il s'agit des faits et de leurs conséquences inévitables. Quelle que fût la pensée intérieure de Charles-Albert, la vérité est que, jusqu'au moment où s'ouvrit pour lui l'horizon des ambitions italiennes, il maintint en Savoie un régime souvent dur et cruel : les événements de 1831, de 1834 le prouvent assez ; mais toujours oppressif, injurieux, avilissant, qui a laissé dans le cœur des peuples une trace ineffaçable, et comme une cicatrice, toujours prête à se rouvrir et à saigner.

Quand, dans le sein d'une nation, le despotisme est d'un homme sur tous, avec le caractère de l'homme, avec son tempérament, avec son intérêt s'ils viennent à se modifier, avec sa vie si l'homme est immuable, le despotisme disparaît, s'efface, s'oublie.

Si même la tyrannie est d'une classe sur une autre, la loi civile peut effacer peu à peu les différences de fait, la loi politique les différences de droits ; les classes peuvent se rapprocher, se mêler, se confondre ; la tyrannie encore disparaît, s'efface, s'oublie ; la concorde peut renaître.

C'est la grande œuvre, l'œuvre incomparable que la France accomplit aujourd'hui, et qui, pour la première fois, est le but, l'objet systématique du pouvoir suprême.

Mais quand l'oppresseur est un maître étranger, parlant une langue étrangère, n'espérez jamais ni réconciliation, ni oubli, ni concorde.

C'est la loi fondamentale, c'est la loi des Douze-Tables des races entre elles : *De race à race, la revendication est éternelle.*

C'est le sentiment invincible des opprimés, et c'est, malheureusement aussi, l'implacable passion des oppresseurs.

La preuve en est dans le révoltant spectacle auquel nous venons d'assister : une race déployant, pour l'oppression d'une autre race, plus de violence inique, capricieuse, déraisonnable que l'histoire n'en reprocha jamais aux plus mauvais princes.

L'Allemagne tout entière commettant dans son cœur, contre l'Italie, le crime des rois contre la Pologne.

Mais, malgré ce triste exemple, à des signes encore plus généraux, reconnaissons pourtant que le monde est las du règne de la force.

VII

Certes! la patrie de Manin mérite d'être libre : le seul pays italien qui, en 1848, se soit montré courageux et sage, méritait, plus qu'un autre, l'affranchissement. Et si elle n'avait pas dû coûter si cher, trop cher, c'eût été une belle ligne à ajouter à une page d'histoire immortelle, qu'une correction généreuse au traité de Campo-Formio.

Mais, enfin, Venise a eu pendant des siècles des affections autrichiennes ; son commerce a encore des relations exclusivement autrichiennes. Venise, à la fin du siècle dernier, massacrait nos prisonniers et nos blessés par sympathie pour l'Autriche ; Venise n'est pas, comme la Savoie, à côté d'un grand courant d'idées, d'intérêts, auquel l'attraction naturelle la pousse sans cesse à se mêler.

Et vous pleurez éloquemment sur le sort de Venise ! et vous n'aurez pas un mot pour la Savoie !

Quant à moi, ma profonde estime pour l'armée et la vigoureuse nation piémontaises, et tous les sentiments que je partage avec l'Europe entière pour l'héroïque soldat et la noble famille qui sont à leur tête, ne m'empêcheront pas de dire un mot qui résume tout :

La domination autrichienne n'était pas haïe à Milan plus que ne l'est à Chambéry le régime piémontais (1).

VIII

L'histoire emploie un mot emphatique autant qu'inexact, quand elle parle de la *conquête de la Savoie* par Montesquiou, en 1792.

L'entrée de Montesquiou en Savoie ne fut pas une guerre, ne fut pas une invasion : ce fut une fête.

Au commencement de septembre, l'armée piémontaise occupait encore le pays. Mais elle sentait autour d'elle le bouillonnement des sympathies françaises; elle comprit qu'avoir contre elle à la fois les populations savoisiennes et les bataillons français, c'était trop (2).

Cette armée avait, à deux pas de la frontière, des positions excellentes, et qu'elle avait soigneusement fortifiées : les abîmes de Mians. Dans la nuit du 21 au 22 septembre, le général de Montesquiou y envoya trente-deux compagnies d'élite, qui trouvèrent les redoutes abandonnées. Les Piémontais ne tinrent pas même à Montmélian, et se retirèrent d'une traite jusqu'aux passages du mont Cenis.

Telle fut toujours, à chaque menace d'invasion, la seule tactique défensive du Piémont en Savoie : la retraite; en 1848 comme en 1792, comme en d'autres circonstances moins mémorables.

---

(1) Du reste, cette désaffection est avouée. M. Costa de Beauregard termine par ces mots textuels la déclaration d'amour à la dynastie de Savoie, dont les journaux hostiles à l'annexion font tant de bruit (sans doute sans l'avoir lue jusqu'au bout) : « Dieu *peut faire cesser les causes de la désaffection* » GÉNÉRALE *qui semble triompher aujourd'hui de notre vieille fidélité.* »

Dieu seul, en effet, et par un miracle.

(2) Il y a des siècles que la Savoie tend et s'attend à devenir française. Voyez, dans un vieux mauvais livre que les bibliomanes seuls doivent connaître (Béroalde de Verville : *Le Moyen de parvenir*, XCIV), les plaisanteries prophétiques qui se faisaient là-dessus, deux cent cinquante-neuf ans en arrière.

Est-ce débilité militaire ? Non, certes ; l'Europe sait ce que vaut le soldat piémontais.

C'est le sentiment profond de l'hostilité du pays qu'on avait à défendre. Et ce pays est de ceux où l'hostilité de l'habitant est une force, à tous les pas dangereuse et redoutable.

Montesquiou, invité par la municipalité de Chambéry, y alla, avec deux cents hommes, recevoir des ovations.

En quinze jours, son armée s'accrut de plus de douze cents volontaires. Et, parmi ces enrôlés de l'enthousiasme, se trouvait cette foule d'hommes d'élite destinés à devenir des généraux, et des officiers supérieurs remarqués même dans les armées impériales : le général comte Dessaix, le général Dupas, et tant d'autres qui ont dignement continué cette renommée militaire de la race Allobroge, laquelle remonte à César, et qui se trouve aujourd'hui attachée au glorieux drapeau de la brigade de Savoie (1).

Dès que l'armée de Montesquiou eut évacué la Savoie pour se porter sur Genève, la question de l'annexion fut mise en délibération, et proposée au suffrage universel dans chaque commune ou paroisse. Voici un relevé officiel et exact de ces votes.

Le 22 octobre 1792, l'assemblée générale des députés des communes de Savoie, réunie à Chambéry, fit un recensement solennel, dont le résultat fut :

Province de Carouge, sur 64 communes, 42 ont voté pour l'annexion ; 21 ont donné des pouvoirs illimités à leurs députés ; une seule n'a pas fait connaître ses sentiments.

Province de Chablais, 68 communes : unanimité pour l'annexion.

---

(1) La conquête de Nice, par le général Anselme, eut à peu près les mêmes caractères militaires et politiques. Le fort de Montalban, qui avait coûté si cher dans la campagne de 1744, et qui se trouvait garni d'une formidable artillerie et d'une bonne garnison, fut rendu sur sommation.

Le corps municipal de Nice se porta au quartier du général Anselme pour le supplier de venir occuper Nice abandonnée, afin d'y protéger l'ordre.

Province de Savoie, sur 204 communes, 203 votent la réunion ; une seule se prononce pour l'indépendance.

Province de Faucigny, 79 communes ; unanimité pour la réunion.

Province de Genévois, 116 communes ; unanimité.

Province de Tarentaise, 62 communes ; 13 seulement ont voté pour la réunion à la France. (Elle était encore en partie occupée par l'armée piémontaise.)

Province de Maurienne, 65 communes ; unanimité pour la réunion.

Résumé : Sur 655 communes, 604 demandent l'annexion ; 51 la refusent ou n'expriment pas leur vœu.

Je sais qu'auprès de certains radicaux convertis ou pervertis, le suffrage universel jouit aujourd'hui de bien peu de crédit.

Quant à moi, qui reste obstinément fidèle à la tradition du droit personnel et de l'égalité représentative, je me bornerai à faire remarquer que, s'il est absurde de vouloir soumettre, suivant la théorie de M. Rittinghausen, la discussion des lois à la critique des assemblées primaires, la question de nationalité est une de celles, et celle de toutes, sans exception, qui exigent le moins des conditions spéciales de capacité. C'est, par excellence, la question d'instinct, de libre mouvement, où les foules sentent plus juste que les notabilités, parce que si les notabilités peuvent être gagnées, les foules sont forcément entraînées par ce courant général des attractions qui constitue les nationalités. — Les foules sont ce courant même (1).

Du reste, le congrès de Vienne, peu suspect de propension démocratique, traitait moins légèrement que nos radicaux convertis le suffrage universel et notamment ces votes de 1792.

(1) Voilà pourquoi l'exclusion de *tout habitant ne sachant pas lire*, imaginée par M. Ratazzi dans le vote populaire des duchés, risque fort de passer pour une manœuvre qui annulle le vote dans son ensemble.

Ainsi, en 1815, Genève ayant voulu faire valoir et consacrer de nouveau contre la Sardaigne de certains traités du dix-septième siècle, le congrès répondit que l'ancienne Genève n'existait plus, et que sa nationalité avait pris fin par son annexion volontaire à la République française.

Et les délégués de Genève, ayant élevé l'objection de la tyrannie de la foule, de la contrainte morale sous laquelle les *vrais* genevois avaient voté, le congrès refusa d'entrer dans toute cette métaphysique et déclara que le vote du plus grand nombre faisait la loi, dès qu'il était prouvé qu'il n'y avait pas eu coërcition *de la force militaire étrangère* (1).

Il nous faut bien remonter jusqu'à ces votes de 1792, puisque M. Ratazzi n'est pas disposé à laisser s'exprimer ceux de 1859.

IX

Si la Savoie voulait être française en 1792, quand elle sortait d'un régime que l'absence de contestation avait rendu comparativement paternel et doux ; quand l France haletait sous les violences insensées et les crimes hideux des révolutionnaires de Paris ; que sera-ce en 1859, quand la France pacifiée, prospère, resplendissante de force et de gloire, entre dans des destinées plus belles qu'il ne s'en ouvrit jamais devant elle !

X

On élève une objection à laquelle j'ai le devoir tout personnel de répondre.

On rappelle l'expédition faite en 1848 sur la Savoie et l'échec de cette expédition, et l'on dit : « Vous voyez

---

(1) Flassan, *Histoire du congrès de Vienne*, t. II, p. 64, 65, 66.

bien que la Savoie ne veut pas être à la France, car Chambéry résista à cette tentative. »

Examinons les faits :

Le 31 mars 1848, une colonne de réfugiés savoisiens quittait Lyon pour se diriger sur la Savoie. Elle se composait de 600 à 700 hommes, dont 80 à peine étaient armés.

Qu'elle eût emmené avec elle quelques-uns des ouvriers déclassés qui remplissaient alors les rues de Lyon, c'est probable et je le tiens, sans autre preuve, pour certain. Mais ce qui ne l'est pas moins, c'est que tous les chefs de l'expédition, de moi personnellement et dès longtemps connus, étaient savoisiens ; et j'ajoute, tout de suite, en général, de fort honnêtes gens, plus riches de cœur que de tête.

J'étais alors commissaire général du gouvernement sur cette frontière. Je m'étais rendu à Belley, dernière étape de cette colonne sur le sol français.

Un bruit très-généralement répandu, c'était que la France et la Sardaigne, d'accord pour ne donner aucun ombrage à l'Europe, s'entendaient pour favoriser à Chambéry l'établissement d'un gouvernement provisoire qui offrirait volontairement la Savoie à la France, laquelle n'aurait pu ainsi être accusée de conquête.

Et ce qui paraissait confirmer ce bruit, c'est que la Savoie était, en effet, abandonnée. Ce n'étaient pas seulement, comme on l'a dit depuis lors, les troupes qui avaient évacué pour aller renforcer l'armée du roi Charles-Albert, en marche sur Milan : c'était un abandon absolu. Douanes, carabiniers, administrations, archives, caisses publiques, tout s'était mis en retraite sur Montmélian et le mont Cenis ; et le pont de Pierre-Châtel, je m'en assurai par moi-même, n'avait pas un seul douanier.

On suppose bien que je ne pouvais m'en tenir à cette preuve négative, si inexplicable que fût un pareil abandon. J'avais pris les instructions et les ordres des chefs du gouvernement, il y avait quelques jours à peine ; quelque peu avant que je fusse dans leurs confidences, si un plan pareil avait existé, la prudence seule eût exigé qu'on en dît quelque chose à un fonctionnaire investi de pouvoirs illimités, et dont l'ignorance sur une affaire de cette nature aurait pu entraîner des catastrophes, et, avant tout, l'anéantissement du projet lui-même.

Je demandai donc, et chaque jour, et par toutes les voies, des directions. Je les demandai en vain. Paris était alors ce que chacun sait ; le gouvernement vivait au milieu des orages, était lui-même un orage permanent. Et l'homme illustre, auquel étaient confiées les affaires étrangères et que je devais importuner de mes dépêches, couvrait alors de son corps, de son cœur héroïque, Paris, la France, la civilisation tout entière. Lui restait-il une minute pour lire, une seconde pour écrire !

Livré à moi-même, et convaincu que la France n'était pour rien dans cette tentative des réfugiés, je me refusai à toutes leurs instances pour obtenir l'apparence seule de l'appui de la France. Je les pressai de renoncer à une entreprise, à mes yeux sans but et sans résultat possible dans l'état général des choses ; je leur offris même les secours à ma disposition pour retourner en arrière : je n'obtins rien.

Mais je pris toutes les mesures pour empêcher que quoi que ce fût, dans leur expédition, pût être pris, en Savoie, pour une preuve de l'adhésion ou de la complicité de la France. Je retins les gardes nationales ; je consignai la garnison de Pierre-Châtel, car le grand mot des chefs était celui-ci : « Donnez-nous *quatre panta-* » *lons rouges* et la Savoie est à la France. »

Le bruit de l'accord avec le gouvernement français n'en précédait pas moins la colonne. Elle fut donc accueillie en Savoie avec enthousiasme. Elle fut fêtée ; des banquets, où affluait la population la plus bienveillante, lui étaient offerts en pleine campagne.

Elle arriva ainsi à Chambéry et y fut également bien reçue.

Mais là, le bruit de mes déclarations, à tous ceux qui, de Savoie ou de France, étaient venus m'interroger, circula bientôt. La France absente, il ne restait qu'une troupe de réfugiés révolutionnaires par laquelle la Savoie n'était nullement décidée à se laisser prendre et gouverner. En un instant, la foule d'abord joyeuse et sympathique, se retira et fit le vide autour des envahisseurs. Bientôt ils furent poursuivis, repliés, de force et à coups de fusils, dans l'hôtel du gouvernement, et enfin presque tous prisonniers et menacés d'une fin sanglante (1).

Telle est la vérité sur cette affaire, qu'on a osé comparer à la tentative de *Risquons-Tout*. Et elle se résume facilement : la Savoie voulait bien se donner à la France ; elle refusait de se laisser conquérir par la Révolution.

XI

La presse libérale de Paris ne veut pas l'adjonction de la Savoie à la France.

Il est superflu d'analyser son attitude de mauvaise humeur quand cette question se présente à elle de vive force.

La violence de M. Ratazzi contre le *Courrier des Alpes* qui avait soulevé la question, n'a été que, pour la forme, l'objet d'un blâme entortillé.

Les déclarations d'amour de M. Costa de Beauregard à la légitimité sarde sont le seul texte qu'on juge à propos de mettre sous les yeux du public français.

A défaut d'une discussion publique qu'on refuse, exa-

---

(1) Ils purent être sauvés presque tous, grâce au zèle de bons citoyens de Savoie comme de France, et à la modération de M. des Ambrois, envoyé alors de Turin en qualité de commissaire extraordinaire.

minons pourtant (et s'il se peut, sans indignation), les arguments verbaux dont on couvre ce silence.

1° « La question de l'annexion a été produite d'abord » par le parti clérical. Il ne nous convient pas de soute- » nir un avis venu de l'ennemi. »

L'ennemi, c'est celui qui propose un avis contraire aux intérêts de la France.

L'ennemi, je vous le dis net, c'est celui qui, par esprit de parti, repousse un avis favorable à la France.

Je dis *l'ennemi* si c'est un Anglais : il faut écrire *le traître*, si c'est un Français.

Et que vous importe d'où vient ce qui doit être la force, l'honneur, la sûreté de la patrie? Celui qui vous aide en cela peut-il être autre chose pour vous qu'un ami?

Vous avez donc, vous, quelque intérêt hors de la patrie, au-dessus de la patrie!

Ah! oui, je l'oubliais, vous avez l'intérêt de votre *parti!*

Mon parti! mon drapeau! mots sacrés pour les tacticiens du constitutionalisme! Religion de l'intrigue, dogmatiquement maintenue par les Pontifes de coteries, pieusement pratiquée par les petits intrigants à la suite qui cherchent à se classer.

Funeste superstition qui nous donne tant de héros de partis et si peu de vrais citoyens! Fanatisme de secte si différent du dévouement modeste et sincère à la France et au peuple!

Faut-il répondre sérieusement à l'objection?

Oui, de 1815 à 1848, les classes démocratiques seules, en Savoie, voulaient l'annexion à la France. Depuis 1848, toutes les classes la veulent : peuple, bourgeoisie, clergé, la noblesse même, sauf quelques familles habituées de la cour de Turin.

De toutes ces classes, le clergé pendant quarante ans a été seul libre; seul accoutumé à se mouvoir, à se montrer, à agir. Il a usé, pour manifester son vœu, de cette faculté d'habitude acquise et consacrée dans un pays où son influence est grande.

Pourquoi ne l'aurait-il pas fait?

Sous quel prétexte le dépouilleriez-vous de son droit naturel?

Et c'est là l'idéal de liberté et de droit commun que vous offrez aux peuples de Savoie et d'Italie!

2° « Nous ne voyons pas de pétitions, pas de signa-
» tures. Pourquoi la Savoie ne parle-t-elle pas? »

Demandez-le à M. Ratazzi qui, au premier accent du vœu populaire, en a supprimé l'organe.

Et à qui la Savoie parlerait-elle?

Au gouvernement français? Il n'a pas pu jusqu'ici (et vous le savez bien) montrer de volonté dans cette affaire.

Au gouvernement de Turin? Au premier mot que la Savoie a voulu dire, il lui a serré la gorge, sans souci du scandale!

A vous, presse française, presse libérale, voix des opprimés?

Elle vous a vu sourire au coup de main, au coup de poing de M. Ratazzi.

Vous demandez des signatures?

En voici une qui en vaut trois cent mille : c'est celle que M. Ratazzi a mise, au bas de l'arrêté par lequel est condamné à mort et exécuté, *en attendant le procès*, l'organe du vœu national.

Et c'est après cette violente déclaration de sédition contre tout opposant que vous croyez qu'on trouvera, que même on osera chercher des signatures d'opposition au gouvernement! Dans un pays sans populations agglomérées, où chacun tremble de se signaler le premier à la haine de l'autorité? — Dans une contrée qui a vécu quarante-trois ans sous l'étouffante oppression que j'ai essayé de décrire, sans parvenir à en faire comprendre l'excès et l'horreur?

Mais allez donc dans nos campagnes, où la vie est si libre, si indépendante, si abandonnée même : et essayez d'y faire signer des pétitions que désapprouve l'autorité !

XII

3° « C'est par dévouement à la civilisation politique que
» nous ne voulons pas arracher la Savoie aux délices,
» aux perfections du régime représentatif, pour la plon-
» ger dans notre esclavage ! »

C'est, en effet, un pays riche en liberté que celui qui, en un instant, voit supprimer, *en attendant le jugement*, le *Courrier des Alpes*, l'*Armonia*, le *Cattolico*, l'*Indépendant !*

Allons plus au fond :

Vous ne niez pas qu'il y ait différence de nationalités, par conséquent discordance de nature entre le Piémont et la Savoie ;

Iriez-vous jusqu'à nier les Alpes !

Si donc il y a dissidence, c'est-à-dire, dans la vie commune, opposition de tendances et d'intérêts, que signifie le représentatif savoisien ? Que valent ces quelques voix en éternelle minorité dans un parlement piémontais ? Que vaudront-elles, surtout, noyées dans les majorités démesurées d'un parlement italien ?

Il faut un terrible amour des fictions pour voir là une force, une garantie.

Mais, direz-vous, pourquoi prévoir ces antagonismes de majorités et de minorités ?

Pourquoi ? Voyez les faits :

Quel rôle économique joue la Savoie dans les affaires générales de la monarchie ? Elle envoie dix millions d'impôts ; on en dépense trois chez elle : elle paye donc de sept millions par an l'honneur de figurer dans le parlement piémontais.

Mais ne savons-nous pas, par une assez décisive ex-

· périence, que cette sorte de représentatif aboutit infailliblement à *l'abus des influences*, c'est-à-dire à l'absorption de tout : emplois, faveurs, travaux publics, par quiconque dispose des majorités ?

Est-il possible qu'il en soit autrement ?

Et pouvez-vous supposer que l'infime minorité savoisienne ne soit pas, en tout et toujours, comptée pour rien, ayant pour concurrentes les masses représentatives du Piémont et de la Lombardie ?

XIII

C'est afin de n'introduire point de discussion inutile que je vous laisse donner pour un instrument de civilisation politique l'espèce de représentatif dont vous félicitez le Piémont et dont la France a joui.

J'admire, sans pouvoir l'imiter, la promptitude d'esprit de ceux que j'ai vus si longtemps diffamer ce gouvernement, fond, forme et hommes, comme l'idéal de la perversité, et qui le pleurent aujourd'hui comme le chef-d'œuvre des combinaisons politiques.

Pour moi, je l'ai combattu dix-huit ans, comme une école universelle de corruption, comme le plus énergique moyen de fausser, par la manie de l'esprit de parti, les intelligences même de ceux dont la conscience ne se laisse pas gagner par l'intérêt ; comme le triomphe des basses médiocrités et de la bêtise intrigante. Vous ne me ferez pas souhaiter cette belle civilisation pour la Savoie !

Blâmez, car je la blâme avec vous, l'inutile répression de Pérouse ! Mais croyez-vous qu'elle me fasse oublier les affreuses répressions de Lyon et celle de la rue Transnonain ? Réclamez la liberté de la presse, soit ! Votre représentatif m'a appris à l'aimer par ses innombrables procès (parmi lesquels 13 pour ma part, séditieux comme j'étais et comme je suis). Mais vous ne nous ferez pas oublier l'état de siége, et les écrivains illustres traînés, comme écrivains, devant les conseils de guerre; ni les journaux systématiquement ruinés par autorité de justice ; ni aucune des tyrannies que couvraient les hypocrisies de votre liberté représentative, comme les violences de M. Ratazzi se cachent sous son adoration du vœu populaire.

Car, après tout, si la Savoie préfère notre *esclavage* à la liberté de M. Ratazzi, de quel droit étoufferiez-vous sa volonté? Quoi! Ce *vœu des populations* est sacré dans les duchés, et il peut être foulé aux pieds en Savoie ? Le droit spécial des duchés, qui manque à la Savoie, serait-ce donc l'insurrection?

Mais même cet argument ne peut être soutenu, car, vous l'ignorez moins que personne, l'insurrection des duchés, c'est vous.

Savez-vous ce que ce régime, si peu vivant qu'il y soit, a déjà produit pour la Savoie? — Il lui a donné la belle liberté qu'y pratique M. Ratazzi : étouffement brutal de la presse locale; suppression arbitraire de la presse étrangère ; espionnage infini des opinions, des mouvements, des relations privées, tout en y détruisant cette douce cordialité des mœurs anciennes ; en y créant mille discordes violentes jusque dans le dernier hameau !

Non ! ce n'est pas là pour la Savoie, non plus que pour nous, un moyen de civilisation politique : c'est une machine à aiguiser toutes les haines, à allumer toutes les cupidités, à avilir les supériorités de l'esprit et du caractère dans les basses intrigues des coteries.

Cherchez autre chose.

En attendant que vous l'ayez trouvé, j'écoute ce que M. Cobden et M. Bright nous enseignent de la pureté du représentatif anglais, sur laquelle nous pensions n'avoir plus rien à apprendre, et je déclare qu'obéissance pour obéissance, j'aime mieux l'offrir volontairement à un grand homme, appuyé sur l'assentiment du peuple, que de me la voir imposer par mon épicier, lequel, sans doute, en aura trafiqué d'avance avec quelque agioteur.

XIV

Et dans le sujet même qui nous occupe, voyez à quel point vous a pervertis cette longue habitude des passions et des manœuvres de parti, vous, hommes d'intelligence et de probité; vous, que toute pensée de vénalité ferait rougir!

Elle vous conduit à un véritable crime.

A repousser pour la France, c'est-à-dire à aliéner, une province-sœur, qui est nôtre par toutes les lois de la nature, de la politique, de l'affection!

Pourquoi? Pour une satisfaction de parti. Parce que vous ne voulez pas que cette belle palme soit cueillie et offerte à la patrie par des mains que vous n'aimez pas!

Et vous vous étonnez que, voyant cette triste démence de la haine, la France, et en elle tout ce qui n'a d'autre intérêt que le sien, d'autre parti que le sien, d'autre passion que sa grandeur, vous vous étonnez qu'ils ne risquent pas tout, le présent et l'avenir, pour vous rendre cette liberté dont vous useriez dans un sens si large et avec un si généreux patriotisme!

Ah! je le dis sans peur de vos commentaires, moi qui n'ai d'autre principe de droit que la liberté; moi qui crois que par ce principe seul notre société déchirée peut être finalement pacifiée; moi qui vous hais surtout pour l'avoir rendu de longtemps irréalisable : ce n'est pas pour la paix sociale que vous demandez la liberté; c'est une arme pour rengager la guerre.

Insensée la nation qui déchaînerait cet esprit maudit, son véritable tyran depuis soixante ans, quand elle le voit encore si plein de vitalité vipérine! Insensé et absurde le peuple qui ayant, depuis soixante ans, demandé la liberté à ces partis, tour à tour vainqueurs, et n'ayant pu l'obtenir d'aucun, les armerait tous, comme factions, de ce principe qu'ils n'ont jamais voulu, qu'ils ne voudront jamais pratiquer comme pouvoir; auquel ils ne croient pas, tout en le professant bruyamment; à ces partis qui, aujourd'hui même, à l'instant, réclament ici la liberté d'écrire, et sourient en la voyant écraser au delà de la frontière!

XV

Le *Journal des Débats* qui, lui, du moins, a toujours plaidé pour la liberté de la presse, blâme en termes mesurés, mais qui n'en sont pas moins expressifs, les procédés de M. Ratazzi.

Toutefois, comment ne remarque-t-il pas que ce blâme, très-sensé et très-ferme, anéantit tout ce qu'il se laisse écrire de Turin, d'une source qu'il n'est pas difficile de deviner?

Si les pétitions, signées ou non signées, sont si peu de chose, pourquoi cette violence contre les pétitions et contre le journal qui les proposait?

Si le dévouement à la souveraineté de Turin est si général et si profond en Savoie, pourquoi une contrainte imposée si ouvertement à cette population loyale?

Sérieusement: est-ce un argument aujourd'hui que ce dévouement prétendu à une dynastie?

Moi aussi j'honore le roi Victor-Emmanuel et j'admire les qualités qu'il a déployées: est-ce à dire que je sois tenté de devenir sujet piémontais?

Vous me paraissez bien féodaux, pour de si fervents constitutionnels.

Quand le sort des sujets dépendait uniquement du bon ou mauvais naturel des princes et des seigneurs, l'affection, sans doute, devait s'attacher uniquement à leurs personnes et aux dynasties.

Mais aujourd'hui, en fait de gouvernement, ce qu'on aime, c'est un bon gouvernement. Or, est-ce un bon gouvernement que celui que la Savoie a eu jusqu'ici à Turin ? Et surtout celui qu'elle aura désormais ?

La Savoie sait qu'elle ne peut être bien gouvernée par une administration qui n'a jamais passé pour habile, qui s'acquittait déjà très-mal de sa tâche ancienne, et qui va se trouver surchargée de soins nouveaux par cette immense complication de territoires et de populations, depuis Cagliari jusqu'à Annecy, en passant par Milan, Gênes et Turin ; et, s'il était fait suivant ses désirs, par Livourne, Florence, Parme et Modène. Elle sait qu'on va lui demander une part écrasante, et dans les frais de la guerre et dans les dépenses qu'exigera l'organisation de la puissante armée, dont le Piémont aura certainement besoin pour maintenir les sympathies de ses nouveaux sujets. Elle sait, enfin, que toutes les faveurs seront pour ces provinces récemment acquises, et auxquelles on prodiguera tout pour économiser la force.

Ces raisons sont trop sérieuses pour ne pas balancer dans son esprit son affection dévouée pour l'antique maison de Savoie, que je n'ai pas besoin de nier, mais que nie formellement M. Costa de Beauregard dans cette phrase finale de sa déclaration que je veux répéter encore :

« *Dieu peut faire cesser les causes de la* DÉSAFFECTION
» GÉNÉRALE *qui semble triompher de notre vieille fidé-*
» *lité.* »

XVI

Mais des souvenirs, des affections, l'attrait de ce peuple doux, loyal, intelligent et brave, la meilleure population qui reste en Europe, ne m'abusent-ils pas ?

L'intérêt de la Savoie est visible : mais celui de la France est-il aussi grand que je le crois voir ?

La Savoie, c'est d'abord pour nous trente mille hommes et trente millions de moins dans notre budget ordinaire de la guerre.

Regardez la carte.

Qu'il acquière ou non tout ce qu'il ambitionne dans l'Italie centrale, le Piémont va devenir tout-puissant en Italie. Prédominant dans une confédération, si elle se forme ; de beaucoup plus fort que tout autre État, s'il reste isolé, on lui livrera ou il arrachera partout une influence décisive, car lui seul a des éléments solidement militaires ; et, grâce aux impôts de la Lombardie, il peut avoir désormais une grande armée sans appauvrir le Piémont, en l'enrichissant, au contraire, et en y affermissant encore plus le sentiment militaire.

Notre glorieuse alliance d'hier et d'aujourd'hui sera-t-elle éternelle ? Dans l'histoire, le Piémont a été plus souvent, beaucoup plus longtemps, l'allié de nos ennemis que le nôtre, et nous avons dû plusieurs fois, à une alliance de ce genre, des calamités nationales, et, notamment, notre dernier grand désastre sous Louis XIV.

Est-il prudent de croire, est-il raisonnable d'espérer qu'il en sera autrement dans un avenir indéfini ?

Les dispositions personnelles des souverains mises à part, est-ce parce qu'il sera devenu plus puissant, plus italien, plus mêlé à des combinaisons nouvelles, que nous pouvons espérer d'avoir dans le Piémont un voisin plus ami ?

Or, si les Alpes sont un obstacle à l'unité de domination entre Turin, Milan et Chambéry, elle sont une formidable position de guerre. C'est une immense redoute à deux fronts. La maison de Savoie en a fait, durant des siècles, le pivot de sa double ambition d'une part sur l'Italie : le Montferrat, la Lomelline, la Lombardie enfin ; d'autre part, sur la Provence, le Dauphiné, la Bresse, le Bugey, Genève, le Léman.

Mais quand l'une de ces deux ambitions séculaires

vient d'être si amplement satisfaite, et d'un seul coup, et par l'héroïque générosité de la France, est-ce trop que de demander à la maison de Savoie de renoncer à ses menaces contre la France, et de désarmer celles de ses batteries qui nous couchent en joue? Est-il déraisonnable de souhaiter que dans des coalitions futures, avec l'Autriche ou toute autre puissance, que le passé ne montre guère invraisemblables, on ne puisse pas jeter tout à coup une armée en plein Dauphiné sans nous donner au moins vingt-quatre heures pour courir aux faisceaux ?

L'attitude de l'Angleterre dans l'affaire des duchés ne vous apprend-elle rien ? Pendant que nos soldats mouraient à Magenta et à Solferino, le suprême effort du libéralisme anglais en faveur de l'Italie a été de se contenir dans une neutralité haineuse et fiévreuse contre nous et contre le Piémont. Aujourd'hui il va plus loin même que vous, libéraux français, pour l'agrandissement du Piémont. Il veut à tout prix lui donner Livourne, Florence, Parme et Modène. Il ne sera content que lorsque nous aurons, de ce côté, un voisin d'une force militaire presque égale à celle de la Prusse. Et vous ne comprenez pas ? Et vous faites chorus avec lui, sans vous soucier d'établir un contre-poids par l'occupation de la Savoie !

La Savoie est si visiblement une découpure de notre carte militaire et politique, qu'en 1814, lorsque nous étions écrasés, que nous n'avions plus, je ne dis pas à dicter, mais presque à implorer des conditions, on nous donnait la Savoie par le traité de Paris !

Et, chose frappante, on nous la donnait contre les termes, au delà des termes généraux, sacramentels du traité de Paris !

Le terme général de ce traité, c'est la restitution de nos frontières telles qu'elles étaient *au 1er janvier* 1792. (Article 2.)

Or, à cette date, nous n'avions pas un pouce du sol de la Savoie, puisque l'entrée de Montesquiou est du

22 septembre. Ce qui n'empêche pas à l'article 3 (paragraphes 7° et 8°) de nous attribuer la plus grande partie de cette contrée.

L'Allemagne (on l'a dit non sans vraisemblance), l'Angleterre elle-même s'attendaient que ce pays nous reviendrait, à la fois comme indemnité de la guerre d'Italie et comme sûreté d'avenir. Un homme qui, par sa position et son intelligence, jouit en Angleterre de la plus grande influence, disait à Paris, au début de la guerre :
« Pourvu que tout se termine par la Lombardie au
» Piémont, et la Savoie et Nice à la France, l'Angleterre
» ne réclamera pas. »

Et on a vu, en effet, avec quel empressement étonné, lord John Russell, en annonçant la paix de Villafranca, a appris au parlement que la France ne se réservait pas même la Savoie !

Politiquement, si la Savoie et les passages des Alpes restent à nos ennemis éventuels de l'avenir, que sommes-nous allés faire en Italie ?

A un État faible, le Piémont, à un autre État, l'Autriche, puissant ailleurs, mais faible sur ce point parce que nous pouvions sans cesse le troubler dans sa possession, nous aurions substitué un État considérable, vigoureusement armé, maître direct ou indirect de l'Italie entière, ennemi possible dans l'avenir, déjà et certainement malveillant aujourd'hui puisqu'il cherche à garder contre nous des positions formidables de guerre, et, qu'au lendemain de Villafranca, il ose contre nos amis en Savoie ce que M. Ratazzi a accompli.

Ainsi, non-seulement nous aurions, suivant notre habitude, prodigué le sang et les trésors de la France sans retirer pour elle aucun profit matériel ; mais encore nous aurions empiré nos conditions de voisinage et cela dans une proportion réellement dangereuse !

Assurément, je ne veux pas nier l'influence morale de cette belle guerre désintéressée pour le droit et la liberté des peuples. Mais cherchons-en les effets sur nous-mêmes, dans l'énergie de conscience qu'elle nous donne. Car, quant aux peuples étrangers, écoutez les Allemands, écoutez les Anglais, comprenez même déjà les Italiens ! Comment nous sauraient-ils gré de cet héroïque dévouement? Ils ne le comprennent pas, et par conséquent ils n'y croient pas.

Ils ont compris la valeur de notre jeune armée et de son général ; la vigueur et l'ensemble de notre administration militaire. Ils ont compris la force, en un mot, et rien de plus.

Conservons donc la force du droit, mais ne dédaignons pas les autres.

XVII

Lord Palmerston a répété deux fois à la tribune que l'intérêt réel de l'Autriche eût été depuis longtemps d'abandonner l'Italie.

On peut appliquer ici ce mot, profondément vrai :

L'intérêt de l'Europe, si elle veut la paix durable, si elle la cherche dans l'harmonie des grands intérêts de la civilisation, c'est de nous donner la Savoie.

Là se trouverait l'occasion d'arranger cette maladroite combinaison de la neutralité du Chablais et du Faucigny qui, tôt ou tard, fera naître quelque difficulté plus grosse que n'est la question en elle-même.

Par là se trouverait assurée la création de cette grande voie ferrée du mont Cenis, nécessaire à l'Europe entière, et que le Piémont, absorbé désormais dans les soins et les dépenses de son organisation militaire de l'Italie, ne pourra pas de sitôt poursuivre sérieusement. Il y a déjà dépensé des millions et il a percé à peine quelques centaines de mètres de ce massif énorme! Pour la France, cette grande œuvre serait un jeu.

Mais ce sont là les petites raisons; la grande, il n'est pas un Français qui ne la sente au fond du cœur, clairement ou obscurément, mais avec la violence d'un instinct.

XVIII

Tout le monde a violé et viole encore les traités de 1815 : l'Autriche à Cracovie, la Russie à Varsovie, les Anglais dans les îles Ioniennes, à Aden, à Perim ; et chacun l'a fait et le fait à son profit.

La France aussi les a violés; mais sans jamais en tirer aucun bénéfice.

Elle les a violés à Anvers, à Ancône, à Rome, à Villafranca ; mais elle a agi pour la conférence de Londres, pour la papauté, pour l'indépendance de la Turquie, pour la liberté de l'Italie.

Pour elle-même, jamais. Il semble que ces traités n'existent plus que contre nous.

Et il semble la vérité. Ecoutez ce qui se dit au parlement anglais et ce qui s'écrit ailleurs.

Oui, c'est la vérité; et cette vérité est un poignard dans le cœur de la France.

Si ces traités furent l'humiliation de la France; si depuis lors il s'est constitué une sorte de ligue tacite entre les puissances pour perpétuer cet affront, et ne jamais permettre qu'en arrachant le couteau, la France fît couler de son âme sa rancune, ne vous étonnez pas qu'à tout incident votre conscience vous crie que cette rancune subsiste; qu'elle s'aigrit par le temps; qu'elle devient redoutable par les forces que le temps nous apporte.

N'en doutez pas : dans les fureurs héroïques de Palestro, de Magenta, de Solférino, il y avait, à l'insu même de cette jeune armée, un élan instinctif qui venait de là.

Il y avait le sentiment d'une revanche.

L'adjonction de la Savoie serait une satisfaction donnée à la France contre les traités de 1815 ; satisfaction modeste quoique suffisante ; glorieuse quoique paisible ; bonne à la Savoie, bonne à la France, bonne surtout à la Sardaigne, qui aura assez à faire en Italie pour ne pas compliquer son action par cette domination plus que jamais difficile, inquiète et périlleuse.

L'Europe aurait-elle à se récrier? Ce serait une restauration des traités qu'elle-même nous imposait en 1814!

Quoi! après Sébastopol, Magenta et Solferino, il serait exorbitant de réclamer l'état qui nous était infligé après nos grands désastres de Moscou, de Leipzig, de Paris, et le tragique dénoûment de Fontainebleau!

Paris, 26 août 1859.

Paris. — Imp. de la Librairie Nouvelle, A. Bourdilliat, 15, rue Bréda.

www.ingramcontent.com/pod-product-compliance
Lightning Source LLC
Chambersburg PA
CBHW060611050426
42451CB00011B/2195